Inhalt

Karrierekiller oder neue Chancen? - Personaler surfen vermehrt im Internet

Kernthesen

Beitrag

Fallbeispiele

Weiterführende Literatur

Impressum

GENIOS WirtschaftsWissen Nr. 05/2007 vom 08.05.2007

Karrierekiller oder neue Chancen? - Personaler surfen vermehrt im Internet

M.Rinkenburger

Kernthesen

- Im Internet werden ständig mehr private Fotos veröffentlicht und für alle zugänglich gemacht.
- Immer mehr Menschen gestalten sich im Internet ihre eigene Homepage mit vielfältigen Informationen.
- Viele Firmen nutzen das Internet als zusätzliche Informationsquelle bei der Einstellung neuer Mitarbeiter.

Beitrag

Sie waren auf einer Geburtstagsfeier und haben ausgiebig gefeiert? Während der Party wurden viele Fotos geschossen, die am nächsten Tag vom Fotografen mit Kommentaren versehen ins Internet gestellt wurden? Alle Gäste sollen sich die Fotos zeitnah anschauen können. Allerdings können nicht nur die Gäste diese Fotos betrachten sondern weltweit jeder, der bewusst Informationen über bestimmte Personen sucht oder zufällig auf die Internetseite gestoßen ist.

Wenn das Internet auch zu Bewerbungszwecken genutzt werden soll und in der Bewerbung auf die eigene Homepage verwiesen wird, dann sollten Bewerbungsunterlagen und Lebensläufe unbedingt auf eigenen geschützten Seiten hinterlegt werden. Personalverantwortliche haben weder Lust noch Zeit sich lange durch private Seiten klicken zu müssen, um relevanten Informationen zu erhalten.

Vor jeder Veröffentlichung im Internet sollte sich der Autor die Frage stellen, ob er diese Informationen auch in der heimischen Tageszeitung oder in der Vereinszeitschrift mit seinem Bild und unter eigenem Namen veröffentlichen würde. Die eigene Homepage im Internet ist keinesfalls ein geschützter Bereich auf den nur eine bestimmte Zielgruppe aus dem privaten Umfeld Zugriff hat. Vielmehr bietet es jedem Interessenten die Möglichkeit sich über den Inhaber der Homepage ausführlich zu informieren.

Technische Neuerungen führen soweit, dass mit Hilfe von Suchmaschinen gezielt Informationen über alle Personen gesammelt und entsprechende Profile erstellt werden können. Insbesondere bei der Besetzung von Top-Positionen wird immer mehr Zeit darauf verwendet neben den klassischen Informationen aus den Bewerbungsunterlagen weitere Informationen über die Spitzenkandidaten im Internet einzuholen. Was einmal im Netz steht kann nur noch mit sehr hohem Aufwand gelöscht werden, weshalb ein im Internet dokumentierter Ausrutscher aus vergangenen Zeiten einem Bewerber Jahre später noch zum Verhängnis werden kann.

Die eigene Homepage im Internet

Immer mehr private User gestalten sich ihre eigene Homepage im Internet. Die Hintergründe dafür sind unterschiedlichster Natur. Neben der reinen Präsenz der eigenen Person spielen die Suche nach gleichgesinnten bei Freizeitaktivitäten, die Vermarktung von eigenen Fähigkeiten oder Dienstleistungen oder die Präsentation von Fotos eine große Rolle. Erst wenige nutzen die eigene Homepage zur Imagepflege und der Darstellung von berufsbezogenen Themen für potentielle Arbeitgeber. Auch wenn einige Personalverantwortliche bisher keine Aktivitäten im Internet planen und dieses auch für die Zukunft eher skeptisch sehen, gibt es doch immer mehr Personaler, die eigene Internetrecherchen durchführen. Aus diesem Grund wird es auch für Privatpersonen immer wichtiger eine eigene Homepage zu haben und diese regelmäßig zu pflegen. (1), (4)

Vorraussetzungen für die Gestaltung einer Homepage

Die eigene Homepage darf nicht nur den eigenen Ansprüchen genügen sondern muss so gestaltet sein, dass der Auftritt auch bei Fremden einen positiven Eindruck hinterlässt. Folgende Punkte sollten berücksichtigt werden, wenn die private Homepage auch im beruflichen Kontext genutzt werden soll: (1), (4)

- Die Homepage so gestalten, dass Dritte ohne Probleme und langwieriges Suchen die relevanten Informationen finden.
- Private oder berufliche Inhalte, die nicht jedem

zugängliche sein sollen, mit Passwörtern sperren und den jeweiligen Interessenten zur Verfügung stellen.

- Die relevanten Seiten und den hinterlegten Lebenslauf immer aktuell halten, damit es später zu keinen Erklärungsnöten kommt.

- Immer nur eine aktuelle Version des Lebenslaufs hinterlegen, damit Suchmaschinen nicht verschiedene veraltete Versionen entdecken.

- Bei wichtigen aktuellen Neuerungen die alten Versionen auch im Google Cache löschen, da einmal recherchierte Inhalte dort über Monate gespeichert bleiben.

- Daten, die einmal ins Internet gestellt wurden, bleiben im Netz immer verfügbar wenn sie einmal entdeckt und woanders gespeichert wurden. Deshalb vor der Veröffentlichung nochmals prüfen und für sich klären, ob die Daten auch wirklich richtig sind.

Risiken durch die Veröffentlichung von personenbezogenen Daten im Internet (1), (2)

- Jeder User kann im Internet auf nicht gesperrte Daten zugreifen. Hat dies in vielen Fällen positive Konsequenzen, so gibt es aber auch User, die mit der

Sammlung persönlicher Daten Missbrauch betreiben.
- Sind personenbezogene Daten erst einmal von Suchdiensten erfasst worden, wird es sehr schwer diese Daten wieder zu löschen.
- Der Seitenbetreiber ist verantwortlich für die Inhalte. Er hat somit kaum Chancen wenn die Inhalte nicht gegen deutsches Recht verstoßen die Seiten löschen zu lassen.
- Je mehr Zugriffe eine Homepage hat bzw. je mehr zu einem Thema Stellung beziehen, umso wahrer wirkt es auf Dritte. Dies ist besonders dann fatal, wenn der Inhalt nicht der Wahrheit entspricht, er aber trotzdem stark diskutiert wird und dadurch beim googeln auf die ersten Plätze kommt.
- Bei jeder Abgabe seiner E-Mail oder sonstiger persönlicher Daten muss sich der Internet-User bewusst sein, dass seine persönliche Seite schnell mit der Seite verlinkt wird, mit der er Kontakt hatte.

Wird das Internet bei der Personalsuche bereits genutzt? (1), (2)

- 28 Prozent aller Personaler nutzen das Internet, um zusätzlich Informationen über Bewerber zu erhalten
- 25 Prozent der Befragten haben Bewerber nach der Internet-Recherche wieder aus der Kandidatenliste

gestrichen.
- in den USA nutzen bereits 100 Unternehmen die Dienstleistungen von Zoominfo, einer Menschen-Suchmaschine, die persönliche Daten zu Personen im Internet sammelt.

Fallbeispiele

Ein wegen Betrugs vorbestrafter Chef eines Unternehmens hat sich nach Ablauf der Haftstrafe im Ausland eine neue Identität geschaffen, um sich auf diesem Weg wieder ein neues Image zu geben und ein neues Unternehmen aufzubauen. Trotz einer Namensänderung und eines veränderten Aussehens wurde in entsprechenden Internetforen auf die neuen Geschäfte und den neuen Namen hingewiesen und diese Informationen zur Verfügung gestellt. Der Aufbau eines neuen Images war damit gescheitert. (2)

Der Leiter eines deutschen Konzerns war der Top-Kandidat für die Besetzung eines Vorstandspostens. Er hatte einen makellosen und überzeugenden Lebenslauf. Bei zusätzlichen Internetrecherchen des mit der Suche beauftragten Headhunters wurde er in einer Zeitschrift in Zusammenhang mit einer

Veruntreuung genannt. Ob dies richtig oder falsch war spielte keine Rolle mehr. Allein auf die Erwähnung des Namens im Zusammenhang mit einer Veruntreuung führte dazu, dass der Name von der Kandidatenliste gestrichen wurde. (2)

Die Personalberatung Kienbaum durchforstet immer öfter auch die Einträge ihrer Kandidaten im Internet. Bei der Besetzung von entsprechenden Positionen sollten die Einträge makellos sein und gegebenenfalls auch Informationen vorhanden sein, die ihn für die Position auszeichnen. (2)

Ein 23-jähriger Yale Student wollte sich mit einem 7-minütigen Video bei mehreren Unternehmen an der Wall Street bewerben. In diesen Videos hat sich in einem Licht dargestellt, das einen jungen dynamischen und erfolgreichen Absolventen zeigt. Dieses Video gelangte ins Internet. Seine Angaben wurden von Internet Usern überprüft mit dem Ergebnis, dass das ganze Video gefälscht war. Durch die Veröffentlichung im Internet hatte der Absolvent alle Chancen auf einen Einstieg in eine entsprechende Firma verspielt. (2)

Ein Programmierer hatte sich bei einer Firma beworben und wurde zum Vorstellungsgespräch eingeladen. Im Besprechungszimmer war ein Bild an die Wand projiziert, das den Bewerber zeigte, wie er sich mit einer Bierflasche in der Hand übergeben hat. Dieses Foto war im Internet hinterlegt und den Personalverantwortlichen bei den Recherchen in die Hände gefallen. Immer öfter werden Bewerber durch Recherchen im Internet einem weiteren Screening unterzogen. (1)

Weiterführende Literatur

(1) Visitenkarte im Netz Visitenkarte im Netz Personalchefs schauen vor der Neueinstellung eines Mitarbeiters gerne auf dessen Homepage. Allzu private Fotos und Informationen kommen dabei nicht gut an
aus DIE WELT, 10.02.2007, Nr. 35, S. B1

(2) O.V., Persönliche Infos im Netz: Alles kommt raus, WirtschaftsWoche online vom 21.11.2006
aus DIE WELT, 10.02.2007, Nr. 35, S. B1

(3) Neue Jobs aus einer anderen Welt
aus Frankfurter Allgemeine Zeitung, 07.04.2007, Nr. 82, S. C1

(4) Klartext: Dennis Gerlitzki "Internet kann eine Falle sein" Gefährliche Hobbys oder Meinungen: Was Bewerber online über sich verraten.
aus Hamburger Abendblatt, 06.01.2007, Nr. 5, S. 66

Impressum

Karrierekiller oder neue Chancen? - Personaler surfen vermehrt im Internet

Bibliografische Information der deutschen Nationalbibliothek

Die Deutsche Nationalbibliothek verzeichnet diese Publikation in der deutschen Nationalbibliografie; detaillierte bibliografische Daten sind im Internet über http://dnb.d-nb.de abrufbar.

ISBN: 978-3-7379-0915-0

© 2015 GBI-Genios Deutsche Wirtschaftsdatenbank GmbH, Freischützstraße 96, 81927 München, www.genios.de

Alle Rechte vorbehalten. Dieses Werk ist einschließlich aller seiner Teile – z.B. Texte, Tabellen und Grafiken - urheberrechtlich geschützt. Jede Verwertung außerhalb der Grenzen des Urheberrechtsgesetzes bedarf der vorherigen Zustimmung des Verlags. Dies gilt insbesondere auch für auszugsweise Nachdrucke, fotomechanische

Vervielfältigungen (Fotokopie/Mikroskopie), Übersetzungen, Auswertungen durch Datenbanken oder ähnliche Einrichtungen und die Einspeicherung und Verarbeitung in elektronischen Systemen.